BEI GRIN MACHT SICH IHR
WISSEN BEZAHLT

- Wir veröffentlichen Ihre Hausarbeit,
  Bachelor- und Masterarbeit

- Ihr eigenes eBook und Buch -
  weltweit in allen wichtigen Shops

- Verdienen Sie an jedem Verkauf

Jetzt bei www.GRIN.com hochladen
und kostenlos publizieren

Bibliografische Information der Deutschen Nationalbibliothek:

Die Deutsche Bibliothek verzeichnet diese Publikation in der Deutschen National-
bibliografie; detaillierte bibliografische Daten sind im Internet über http://dnb.d-
nb.de/ abrufbar.

Dieses Werk sowie alle darin enthaltenen einzelnen Beiträge und Abbildungen
sind urheberrechtlich geschützt. Jede Verwertung, die nicht ausdrücklich vom
Urheberrechtsschutz zugelassen ist, bedarf der vorherigen Zustimmung des Verla-
ges. Das gilt insbesondere für Vervielfältigungen, Bearbeitungen, Übersetzungen,
Mikroverfilmungen, Auswertungen durch Datenbanken und für die Einspeicherung
und Verarbeitung in elektronische Systeme. Alle Rechte, auch die des auszugsweisen
Nachdrucks, der fotomechanischen Wiedergabe (einschließlich Mikrokopie) sowie
der Auswertung durch Datenbanken oder ähnliche Einrichtungen, vorbehalten.

Impressum:

Copyright © 2002 GRIN Verlag, Open Publishing GmbH
Druck und Bindung: Books on Demand GmbH, Norderstedt Germany
ISBN: 9783638949705

Julja Hufeisen

Verstärkte Förderung von Ganztagsschulen als eine Antwort auf die PISA-Studie

GRIN Verlag

Verstärkte Förderung von Ganztagsschulen als eine Antwort auf die PISA-Studie

von

Julja Hufeisen

FACHHOCHSCHULE
BRAUNSCHWEIG/WOLFENBÜTTEL
Fachbereich Sozialwesen
WS 2002

Referat im Rahmen der Lernbereichsprüfung LB I
Verstärkte Förderung von Ganztagsschulen als
eine Antwort auf die PISA-Studie

Verfasserin:
Julja Hufeisen

Gliederung

1. Kurzvorstellung der PISA-Studie

Die Abkürzung PISA steht für "Programme for International Student Assessment", was übersetzt soviel bedeutet wie "Programm für internationale Schülerbewertung/-einschätzung". Diese bislang größte Bildungsstudie, an der weltweit 32 Staaten teilnehmen, wird von der OECD, der "Organisation für wirtschaftliche Zusammenarbeit und Entwicklung" durchgeführt. PISA testet die Leistungen 15-jähriger Schüler, nicht nur im Hinblick auf Kenntnisse des curricularen Lernstoffes, sondern auch bezüglich fächerübergreifender Kompetenzen und Fähigkeiten, die im Erwachsenenleben benötigt werden. Ziel hierbei ist es, herauszufinden, inwieweit die Schüler gegen Ende ihrer Pflichtschulzeit Fähigkeiten und Kenntnisse besitzen, die ihnen eine aktive Teilnahme an der Gesellschaft ermöglichen. Darüber hinaus soll PISA vergleichbare Daten über die Leistungsfähigkeit der Bildungssysteme der unterschiedlichen Staaten liefern, um so Ansatzpunkte für Verbesserungen der Schulsysteme aufzuzeigen.

Die Durchführung der PISA-Studie erstreckt sich über drei Projektzyklen bis zum Jahr 2006. Im ersten Zyklus (PISA 2000) stand der Bereich Leseverständnis im Vordergrund, die Bereiche Naturwissenschaften und Mathematik waren hier nur Nebenkomponenten des Tests. In den nächsten Zyklen (2003 und 2006) werden dann diese Themen die Schwerpunkte bilden. Die Ergebnisse von PISA werden unter Einbeziehung der sozialen Lebens- und Lernbedingungen der Jugendlichen ausgewertet und veröffentlicht.

2. Nationale Ergebnisse der PISA-Studie und mögliche Antworten darauf

Mit der Veröffentlichung der PISA-Ergebnisse am 4. Dezember 2001 entbrannte eine heiße Debatte über die schockierenden Resultate deutscher Schüler. Diese weisen beispielsweise beim Leseverständnis große Lücken auf und liegen weit unter dem Mittelwert aller OECD-Staaten. So können 10% der 15-jährigen nicht einmal grundlegende Lesekenntnisse vorweisen, weitere 13% verstehen nur Texte auf niedrigem Niveau. Insgesamt belegt Deutschland in der PISA-Auswertung Platz 20-22 (von 32 teilnehmenden Staaten). Spitzenreiter beim Leseverständnis sind die Staaten Finnland, Kanada und Neuseeland, bei Naturwissenschaften und Mathematik liegen Japan und Korea vorne.

Auffällig ist, dass in Deutschland der Abstand zwischen den besten und den schlechtesten Schülern so groß ist wie in keinem anderen Land. Erschreckend ist auch, dass 42% der Getesteten angeben, nie zum Vergnügen zu lesen. Mit dieser Prozentzahl ist Deutschland einsamer Spitzenreiter. Bedenkenswert ist darüber hinaus, dass in Deutschland der familiäre Hintergrund einen großen Einfluß auf die Leistungen der Schüler hat. Hier ist es oft so, dass die soziale Herkunftsschicht maßgeblich die Schulkarriere und so später auch die berufliche Laufbahn beeinflußt, während in anderen Ländern umgekehrt die schulischen Leistungen den sozialen Status mitbestimmen. In Deutschland besuchen 50% der Kinder der oberen Sozialschicht ein Gymnasium, während nur 10% der Kinder aus Arbeiterfamilien zum Unterricht dort hingehen. Für den Hauptschulbesuch liegen die Prozentzahlen genau andersherum.

Was aber kann nun im Zuge dieser Ergebnisse getan werden, um das deutsche Bildungssystem effizienter zu gestalten? Im folgenden sollen einige der von deutschen Politikern aufgegriffenen Antwortmöglichkeiten kurz angesprochen werden:

- Evaluationsschemata und Qualitätsmanagementkonzepte sollen verstärkt zum Einsatz kommen, um die Qualität von Unterricht zu kontrollieren und zu verbessern.

- Nötig erscheinen veränderte Bedingungen der Lehrerausbildung, um die Pädagogen für die komplexen Anforderungen und Problemlagen im Schulalltag besser zu rüsten. Regelmäßige Fortbildungen müssen verpflichtend sein. Darüber hinaus muss unterbunden werden, dass Lehrer sich auf ihrem Beamtenstatus ausruhen und nach einigen Lehrjahren aufhören, den Unterricht engagiert und abwechslungsreich zu gestalten (was häufig der Fall ist).

- Eine Umstellung der Bildungsverwaltung und Schulaufsicht wird angedacht. Demnach sollen Einzelschulen mehr Kompetenzen bekommen: Verantwortung für Inhalte, Didaktik, Budget und Personal. Die Aufgabe der Schulaufsicht ist es dann nicht mehr, anzuordnen und vorzugeben, sondern nachzusorgen, zu evaluieren und die Schulen zu unterstützen. In Ländern wie Kanada, Schweden und Finnland war diese Umstellung, betrachtet man deren erfolgreichen PISA-Ergebnisse, effektiv.

- Angedacht ist auch die Einführung eines individualistisches Gesamtschulsystem, denn es hat sich gezeigt, dass die Verteilung der Kinder und Jugendlichen auf unterschiedliche Schultypen das Leistungsniveau drückt und zugleich die soziale Trennung verstärkt. PISA-Gewinner Finnland beispielsweise betreibt Schulen ausschließlich im Gesamtschulsystem.

- Sinnvoll erscheint auch die Öffnung von Schule, sowohl für Mitarbeiter aus anderen Berufen (beispielsweise durch Einsatz lehrender Computerspezialisten, Künstler oder Musiker), als auch zu Angeboten des Gemeinwesens.

- Eine weitere Lösungsmöglichkeit wird in dem verstärkten Einsatz von Ganztagsschulen gesehen. Denn betrachtet man die internationalen Ergebnisse der PISA-Studie, so fällt auf, dass an der Spitze diejenigen Länder liegen, die ausschließlich Ganztagsschulen betreiben. Deutschland dagegen hat hiervon bundesweit nur 1650 (von insgesamt 30.700 allgemein bildenden Schulen). Mit seinem Halbtagsschulsystem steht die Bundesrepublik auch weltweit weitestgehend alleine da. Die Mehrzahl der Länder bietet ihrem Nachwuchs verläßliche Betreuung bis in den Nachmittag hinein. Allerdings soll es nun laut Bundesregierung auch bei uns mehr Ganztagsschulen geben. Im Zuge des Wahlkampfes verkündete Kanzler Gerhard Schröder eine "Bildungsoffensive durch Ganztagsschulen" und versprach, ein 4-Milliarden-Euro-Paket zur Förderung neuer Ganztagsschulen bereitzustellen.

  Im Folgenden sollen die Charakteristika von Ganztagsschulen vorgestellt und ihre Vor- und Nachteile beschrieben werden.

3. Begriffsbestimmung Ganztagsschule

Ganztagsschulen machen ihren Schülern an mindestens vier Tagen einer fünftägigen Unterrichtswoche ein ganztägiges Angebot. Hierbei bleiben die Kinder und Jugendlichen bis etwa 16 oder 16.30 Uhr in der Schule. Der Ganztagsschulbetrieb ist in allen Schulformen (Haupt-, Real-, Sonder-, Gesamtschule und Gymnasium) und sowohl in der Primar- als auch in der Sekundarstufe möglich. Man unterscheidet zwischen der offenen und der gebundenen Form der Ganztagsschule (im Folgenden auch GTS). Bei ersterer handelt es sich um Angebotsschulen, d.h. die Nachmittagsangebote sind freiwillig, weshalb der Pflichtunterricht wie in Halbtagsschulen am Vormittag liegt. Dagegen ist die ganztägige Teilnahme in einer gebundenen GTS Pflicht, so dass Freizeit- und Unterrichtsangebote über den ganzen Tag verteilt und der biologischen Leistungsfähigkeit der Kinder und Jugendlichen angepaßt werden können. Charakteristische Angebote der Ganztagsschulen sind folgende:

- Mittagessen und Mittagspause
- Verfügungsstunden, die der Klassenlehrer gemeinsam mit den Schülern je nach Bedarf gestalten kann
- Arbeitsgemeinschaften, welche die Neigungen und Interessen der Schüler berücksichtigen
- Übungs- und Arbeitsstunden zur Vor- und Nachbereitung des Unterrichts (auch Hausaufgabenbearbeitung) und zur Vertiefung des Gelernten
- Fördermaßnahmen in fachspezifischen, sozialen oder persönlichen Bereichen (z.b. Konfliktmanagement, Legastheniefördernng), aber auch für besonders begabte Schüler (z.b. Talentförderung, Wettbewerbe)
- Projekte mit anderen Trägern und Einrichtungen
- Außerunterrichtliche Angebote, die es den Schülern ermöglichen, nach eigener Wahl ihre Fähigkeiten zu entwickeln (beispielsweise im musischen, sportlichen oder handwerklichen Bereich). Darüber hinaus bieten die außerunterrichtlichen Angebote Möglichkeiten zur Erholung und Entspannung. Auch Rückzugsmöglichkeiten für einzelne Schüler müssen gegeben sein.

Ziel der Ganztagsschule ist die ganzheitliche Persönlichkeitsentwicklung ihrer Schüler, die Förderung ihrer sozialen Kompetenzen, die Hinführung zu einem aktiven Freizeitverhalten sowie die lebensweltbezogene Vorbereitung auf die spätere berufliche Tätigkeit. Aufgabengebiete zur Erreichung dieser Ziele sind beispielsweise das partizipatorische Handeln der Schüler, die Hinführung zu einem kritisch-reflexiven Mediengebrauch und die Förderung von Eigeninitiative, Selbständigkeit und Problemlösungsstrategien. Auch das soziale Lernen (Toleranz, Hilfsbereitschaft, Verantwortung, Beziehungsaufbau) sowie die Öffnung der Schule zu ihrem außerschulischen Umfeld spielt bei der Zielerreichung eine bedeutende Rolle..

4. Argumente für und gegen ganztägige Schulformen

4.1 Argumente für Ganztagsschulen

Die Begründung für eine verstärkte Förderung von Ganztagsschulen findet auf zwei Ebenen statt: Zum einen auf pädagogischer, zum anderen auf sozialpolitischer Ebene. Pädagogische Argumentationen berufen sich auf den Grundsatz, dass *"kindgemäße Entwicklung, kindgemäßes Erkennen und Lernen [...] mehr Zeit [braucht], als an Halbtagsschulen üblicherweise zur Verfügung steht, denn Schule ist mehr als Unterricht."*[1] Das an Ganztagsschulen zur Verfügung stehende höhere Zeitbudget ermöglicht eine rhythmisierende, an der schwankenden Leistungsfähigkeit der Kinder und Jugendlichen orientierten Tageseinteilung und somit eine flexiblere Unterrichtsplanung. Der Formveränderung von Wissen, d.h. der höheren Kompliziertheit und Komplexheit des zu vermittelnden Lernstoffes, kann so besser Rechnung getragen werden. Formen des offenen oder handlungsorientierten Unterrichts, Freiarbeit, Projekte und Arbeitsgemeinschaften werden in Ganztagsschulen in den Schulalltag integriert und fördern so ein lebensweltbezogenes Lernen. Kooperatives Verhalten und soziale Kompetenz können so besser entwickelt werden, als an Halbtagsschulen. Darüber hinaus verfolgt die GTS die verstärkte Förderung einzelner Schüler, sowohl der schwachen, als auch der besonders begabten. Auf Grund der vorhandenen Zeit können alle Fördermaßnahmen individualisiert werden, womit eine Selektion, sprich die Auslese der schwachen Schüler eher vermieden werden kann.

Auf sozialpolitischer Ebene gelten die veränderten Erwerbstrukturen als ein Argument für den verstärkten Einsatz von Ganztagsschulen. Die hohe Erwerbsquote von Müttern führt zu fehlender häuslicher Betreuung nach Schulschluss des Kindes, weshalb eine verlässliche Betreuung über den Nachmittag sinnvoll ist. Auch die veränderten Familienkonstellationen (Alleinerziehende, Einzelkinder, Schlüsselkinder) sowie der Rückgang nachbarschaftlicher Kinderkontakte sprechen für den Besuch einer GTS. Diese soll den Kindern und Jugendlichen einen Ausgleich bieten für den Rückgang an anderweitigen sozialen Kontaktchancen. Darüber hinaus fördert die GTS

---

[1] Appel: Handbuch Ganztagsschule, S. 21

den Abbau ungleicher Bildungschancen, da der Einfluß des sozialen Herkunftsmilieus mit längerer Verweildauer im Schulbereich abnimmt. Auch die kompensatorische Funktion institutioneller Erziehung, sprich die Entlastung der Familie von Schulproblemen, wird als Argument angeführt. So werden beispielsweise Hausaufgaben in den Schultag integriert. Ihre Erledigung ist also nicht mehr abhängig von der Unterstützung durch die Eltern und diese müssen nicht mehr die Rolle von Nachhilfelehrern übernehmen.

4.2 Argumente gegen Ganztagsschulen

Aus sozialer und pädagogischer Sicht liegen folgende Argumente gegen den Ausbau des Ganztagsschulsystems vor: Durch die längere Verweildauer in der Schule kommt es zu einer Institutionalisierung des Lebensraumes und damit zu einer stärkeren Vergesellschaftung. Eine Gefahr besteht darin, dass die Freizeit der Kinder und Jugendlichen verschult und pädagogisiert wird. Die selbstbestimmte Lebenszeit wird durch die Nachmittagsveranstaltungen der GTS stark beschnitten. Des weiteren unterliegen die Schüler bei ganztägigen Schulformen einer extrem gesteigerten sozialen Kontrolle. Darüber hinaus wird die Beschneidung des erzieherischen Elterneinflusses als problematisch angesehen. Befürchtet wird hier eine zunehmende Entfremdung der Generationen voneinander.

Aus Sicht der Eltern hat der Besuch einer Schule mit ganztägigem Konzept folgende Nachteile: Durch den längeren Verbleib des Kindes in der Schule kommt es zur Einschränkung familiärer Kontakte. So fällt beispielsweise das gemeinsame Mittagessen weg und gemeinsame Aktivitäten müssen auf das Wochenende verlegt werden. Es ist von nachteiligen Auswirkungen auf die Wochenplanung der Familie die Rede. Weiterhin wird die Einschränkung der sozialen Kontakte zu Gleichaltrigen außerhalb der Schule bemängelt. Als wichtiger Punkt ist auch die Elternbefürchtung zu nennen, das Kind könne auf Grund geringer Rückzugschancen in der Schule und langer Abwesenheit von zu Hause überbeansprucht und überfordert werden.

Trotz der genannten Nachteile haben Studien zur Elternakzeptanz von Ganztagsschulen aber ergeben, dass die Vorteile des Ganztagsschulbesuchs die Nachteile bei weitem übersteigen. Auch konnten die vorgebrachten Einwände bezüglich der Entfremdung der Kinder vom Elternhaus und der

Einschränkungen außerschulischer Freizeitaktivitäten bislang empirisch nicht bestätigt werden.[2]

5. Grenzen und Möglichkeiten von Ganztagsschulen

Fakt ist, dass an Ganztagsschulen weniger Schulverdrossenheit, Apathie und Aggressionen herrschen, als an Halbtagsschulen. Dies wird damit begründet, dass Verhaltensauffälligkeiten oft Ausdruck mangelnder Anregungen sind und die GTS ihren Schülern vielfältige Anregungen und abwechslungsreiche Angebote bietet. Unter solchen positiven Grundvoraussetzungen, d.h. unter diesem positiven sozialen Klima und der höheren Schülermotivation, lernt es sich natürlich besser, als wenn die Schüler mit einer "Null-Bock-Haltung" zur Schule gehen oder Angst vor gewalttätigen Auseinandersetzungen haben müssen. Im Zuge der zunehmenden Gewaltbereitschaft von Schülern verdient dieser Aspekt unter präventiven Gesichtspunkten besondere Beachtung. Auf die anderen Möglichkeiten einer GTS, wie beispielsweise die Vereinbarung der elterlichen Erwerbstätigkeit mit der Kinderbetreuung, wurde bereits in Kapitel 4.1 eingegangen.

Problematisch wird jedoch die Finanzierung werden, trotz der von der Bundesregierung versprochenen 4 Milliarden Euro für die flächendeckende Gründung von Ganztagsschulen. Denn eine GTS benötigt, will sie effizient arbeiten, eine verstärkte Personalausstattung (sowohl mehr Lehrkräfte als auch zusätzliche pädagogische und nicht-pädagogische Mitarbeiter), mehr Raumkapazitäten und eine erweiterte Ausstattung. Die deutsche Bundesregierung sollte sich überlegen, ob es nicht auf Dauer gesehen sinnvoll wäre, generell einen höheren Prozentsatz des Haushaltes in die Bildung von Kindern und Jugendlichen zu investieren, wie es die Siegerstaaten der PISA-Studie bereits tun.

Auch wird ein klares pädagogisches Konzept benötigt, denn das Prinzip "Mehr Zeit in der Schule" garantiert noch keine Lösung der anstehenden Probleme. Es reicht also nicht, wenn an das übliche Halbtagsangebot Mittagessen und Nachmittagsbetreuung angehängt werden. Nötig ist vielmehr eine Neuorganisation des Unterrichtsablaufs mit zusätzlichen Bildungsangeboten.

---

[2] Vgl. Holtappels, 1995, S. 35 ff.

Die Unterrichtsqualität muss stimmen, damit die Struktur der Schule, in diesem Fall die Ganztägigkeit, unterstützend wirken kann.

Allein die verstärkte Förderung von Ganztagsschulen kann also voraussichtlich nicht ein besseres Abschneiden bei den kommenden PISA-Erhebungen garantieren. Zu überlegen ist deswegen, ob nicht verschiedene, in Kapitel 2 bereits angesprochene Lösungsansätze kombiniert werden können. Beispielsweise ist es denkbar, mehr Gesamtschulen im Ganztagsschulsystem einzuführen, diesen mehr eigene Kompetenzen zuzugestehen und die Qualität des Unterrichts durch Evaluation und Qualitätsmanagement zu sichern. Auch die gleichzeitige Öffnung der Schule zum Gemeinwesen ist hierbei möglich.

Eine Kombination in Betracht gezogener Lösungen der durch PISA aufgeworfenen Probleme wird erfolgreicher sein, als die Fixierung auf einen einzelnen Verbesserungsvorschlag.

6. Literaturverzeichnis

- **Appel, Stefan in Zusammenarbeit mit Georg Rutz:**
  Handbuch Ganztagsschule - Konzeption, Einrichtung und Organisation,
  Schwalbach (WOCHENSCHAU Verlag), 1998

- **Deutsches PISA-Konsortium (Hg.):**
  PISA 2000 - Basiskompetenzen von Schülerinnen und Schülern im
  internationalen Vergleich, Opladen (Leske+Budrich), 2001

- **Holtappels, Heinz Günter:**
  Ganztagsschule und Schulöffnung - Perspektiven für die Schulentwicklung,
  Weinheim/München (Juventa Verlag), 1994

- **Holtappels, Heinz Günter (Hg.):**
  Ganztagserziehung in der Schule - Modelle, Forschungsbefunde und
  Perspektiven, Opladen (Leske+Budrich), 1995

- **Löhrmann, Sylvia:**
  Schule muss fördern, statt aussortieren, in: schrägstrich 01-02/02, S. 23

- **Volkholz, Sybille:**
  Heilsamer Schock - Schule nach PISA muss vielfältige Interessen fördern
  und Freude am Lernen wecken, in: schrägstrich 01-02/02, S. 20 f.

Internetseiten:

http://www.mk.niedersachsen.de/functions/downloadObject/0,,c452995_s20,00.doc
(am 20.11.2002)

http://www.mk.niedersachsen.de/functions/downloadObject/0,,c452244_s20,00.doc
(am 20.11.2002)

http://www.mk.niedersachsen.de/master/0,,C455219_N304079_L20_D0_O579,00.html
(am 20.11.2002)

http://www.ganztagsschulverband.de/Pages/Kongressbericht2.html#Anchor-
Ganztagsschulkongresses-49575
(am 04.12.2002)